SCHIRMER'S LIBRARY
OF MUSICAL CLASSICS

Vol. 257

JOHANNES BRAHMS

Hungarian Dances

Piano, 4 Hands

IN TWO BOOKS

ISBN 978-0-7935-1774-9

G. SCHIRMER, Inc.

DISTRIBUTED BY

HAL•LEONARD®
CORPORATION

7777 W. BLUEMOUND RD. P.O. BOX 13819 MILWAUKEE, WI 53213

Hungarian Dances

BOOK I

Secondo

JOHANNES BRAHMS

Hungarian Dances
BOOK I

Primo

JOHANNES BRAHMS.

Secondo

Primo

Secondo

Primo

Secondo

Primo

9

10726

Allegro non assai

Secondo

2.

Primo

Secondo

Primo

14

Tempo I

Secondo

Primo

16

Secondo

10726

Primo

Secondo

Primo

Secondo

Poco sostenuto

Primo

Secondo

Primo

24

Secondo

Molto Allegro

10726

Da Capo sin' al Fine

Primo

Da Capo sin' al Fine

Secondo

Primo

Secondo

Primo

Secondo

Primo

Secondo

6.

Primo

6.

Secondo

Primo

Secondo

Primo

Secondo

Primo

Secondo

41

Primo

10727

42

Secondo

10727

Primo

Secondo

Primo

Secondo

Primo

Secondo

Primo

Secondo

Primo

Secondo

Primo

(m.s.sopra)

Secondo

10.

Primo

Secondo

Primo

Secondo

Primo

Secondo

Primo